W9-BHH-848

STECK-VAUGHN

EN PAREJAS™

Los grandes TIBURONES blancos

Escrito por Christine Price
Adaptación al español por Rubí Borgia

STECK-VAUGHN
COMPANY

A Division of Harcourt Brace & Company

www.steck-vaughn.com

¿A qué velocidad puedes nadar?

Los grandes tiburones blancos pueden nadar una milla en un minuto.

¿Por cuánto tiempo puedes nadar?

Los grandes tiburones blancos nadan
todo el tiempo.

¿Puedes nadar hacia atrás?

Los grandes tiburones blancos sólo pueden nadar hacia adelante.

¿Nadas con tus amigos?

Los grandes tiburones blancos nadan solos.

¿Nadas con la boca cerrada?

Los grandes tiburones blancos nadan con
la boca abierta.

¿Puedes nadar mientras comes?

Los grandes tiburones blancos comen y nadan
al mismo tiempo.

¿Qué te gusta comer?

Los grandes tiburones blancos comen pescado y carne.

Pero no se pueden comer una jaula.